Gefühle sterben nicht

Dank

Ein Riesendank geht an die Autorin Haylo Karres, die mir ermöglicht hat, dieses Buch im Gefängnis zu schreiben und vor allem zu veröffentlichen.

Ebenso bedanke ich mich bei meiner Familie, meinem Mädchen und meinen Fans, für die jahrelange Unterstützung.

Auch danke ich dem Schicksal, das mich nach meiner Verurteilung in ein Gefängniskommen ließ, in dem man mich mit Respekt und Entgegengekommen behandelt hat und mir dort, unter anderem, die Möglichkeit geboten wurde, mit einem Schulabschluss sowie einem Beruf mein Leben neu ordnen zu können.

SakuYa

Gefühle sterben nicht

KNASTGESCHICHTEN

Bibliografische Information der Deutschen Nationalbibliothek:
Die Deutsche Nationalbibliothek verzeichnet diese Publikation in der Deutschen Nationalbibliografie; detaillierte bibliografische Daten sind im Internet über http://dnb.dnb.de abrufbar.

© 2016 Haylo Karres
Umschlaggestaltung, Herstellung und Verlag:
BoD - Books on Demand
ISBN: 978-3-7412-1394-6

Vorwort

Dieses Buch soll meine Person darstellen, wer ich bin, wie ich zur Musik kam und wie meine Kindheit verlief.
Zusätzlich möchte ich euch einfach nur die Augen öffnen, was ich in meinen jungen Jahren alles erlebt habe und es wäre gelogen, wenn ich euch jetzt sagen würde, dass es alles war. Wahrscheinlich macht der Bericht nicht einmal die Hälfte meines Lebens aus. Mit diesem Buch will ich auch keine dicke Kohle machen, sondern euch einfach nur einen Einblick in mein Leben geben, wie ein Weg aussehen kann, der ins Gefängnis führt.
Alles, was in diesem Buch steht, ist wahr, nur die Namen habe ich, aus Sicherheitsgründen, geändert.

1

Es war der 27. Juli 1993 um Viertel nach zwölf, als ich das Licht der Welt, im Städtischen Krankenhaus von Schleswig-Holstein, erblickte.
Bei einer Körpergröße von 52 Zentimetern und einem Gewicht von 3330 Gramm ging es mir ersichtlich gut.
Meine Eltern wollten mich erst René nennen, doch sie entschieden sich dann doch für Andre.
Mein Vater ist Gerüstbauer und meine Mutter eine hervorragende Hausfrau.
Ich habe zwei leibliche sowie vier Halbgeschwister, und soviel ich weiß, sind wir seit undenklichen Zeiten Deutsche.
Wie soll ich meine Kindheit beschreiben.
Ich denke, dass diese Zeit für meine Mutter sehr anstrengend war.
Gewohnt haben wir bis zu meinem zweiten Lebensjahr in Kiel-Kettenhof. Danach sind wir nach Kiel-Hasssee umgezogen, wo ich den Arbeiterwohlfahrt

Kindergarten besuchte, den es bis heute noch gibt.

Ich war ein sehr aufgedrehtes Kind, das immer Action brauchte.

Als ich vier Jahre alt wurde, lernte ich meinen damaligen „besten Freund" kennen, wobei meine Eltern strikt gegen diese Freundschaft waren, da es in ihren Augen ein falscher Umgang sei. Im Nachhinein muss ich ihnen recht geben.

Mit fünf Jahren brachte mein damaliger „bester Freund", der übrigens den gleichen Namen besaß wie ich, eine Schachtel LuckyStrike zum Treffpunkt mit. Er meinte: „Komm, wir rauchen eine, das ist cool".

Ich zündete mir die Fluppe an und bin dabei fast verreckt, vor lauter Husten. Allerdings gefiel es mir, cool zu sein, und so wurde das Rauchen zu meinem Alltag.

Bis heute hat mich die Sucht fest im Griff.

In dieser Zeit bauten wir viel Blödsinn, was aber normal war, in so einer Gegend, in der wir damals lebten.

Bei meinen Eltern hat es seit dem Umzug total gekrieselt.

Der Alkohol war der beste Freund meines Vaters; und wenn er abends nach Hause kam, war ständig schlechte Stimmung und die Angst in der Familie vorprogrammiert.

Er wurde laut und die Aggressivität unerträglich, was meine Mutter, auch während der Schwangerschaft mit meinem leiblichen Bruder, am meisten zu spüren bekam.

Schläge und Tritte musste sie ertragen und dabei hat sie geweint und geschrien.

Mich hat das alles verunsichert und ich musste ständig zittern, dabei bekam ich eine höllische Angst und verkroch mich unter meiner Borussia-Dortmund-Bettdecke.

An jedem aus der Familie hat mein Vater seiner Aggressivität freien Lauf gelassen, außer an mir. Ich war sein Liebling.

Dennoch verließ mich die Angst nie.

2

Zweitausend, am 27.Juli, genau an meinem 7.ten Geburtstag, sind wir nach Kiel-Friedrichsdorf umgezogen, in ein „Hochhausviertel", in dem es schon nach Gewalt roch.

Vor unserem Umzug reichten meine Eltern die Trennung ein und so zog ich mit meiner Mutter, sowie meinen ganzen Geschwistern, ohne Vater, in eine Vierzimmerwohnung, die im 5.Stock lag.

In unserem neuen Zuhause fand ich schnell Anschluss. Ich lernte einen neuen„besten Freund" kennen, dessen Name Matschello lautete.

Er war Zigeuner und lebte im Erdgeschoss, zwei Block weiter von uns, mit seiner ganzen Familie, von dreizehn Personen, in einer Vierzimmerwohnung.

Mein neuer „bester Freund" besaß viel Humor, so dass ich die Trennung meiner Eltern ein wenig verdrängen konnte.

Er war zwei Jahre älter als ich.

Nach drei Wochen in der neuen Gegend

wurde ich eingeschult.
Ich lernte schnell, wobei mir meine Neugierde half.
Wir hatten die Fächer Mathe, Kunst, Deutsch, Sport, und Musik, wobei Mathe nie mein Lieblingsfach war, bis heute nicht. Eher Deutsch, Sport und Musik. Zwei Jahre lang besuchte ich die Heinrich von-Stephan-Schule in Kiel-Friedrichsdorf. In dieser Zeit war ich, wie soll man sagen? ein „Tagträumer".
Mit 9 Jahren wurde ich 2 Jahre lang körperlich missbraucht, worüber ich zu meinem eigenen Schutz nicht viel erzählen möchte, nur das der Missbrauch nach zwei Jahren ein jähes Ende fand, als der Mann sich auch an meinem damals „besten Freund", dem Zigeuner, vergriff, worauf ihn die ganze Sippe der Zigeuner verfolgte und ihn der Polizei übergab.
So viel ich weiß, kam er dann vor Gericht und man verdonnerte ihn zu neun Jahren Gefängnis.
Die zwei Jahre Missbrauch waren jedoch so fürchterlich für mich, dass ich darüber eine posttraumatische Belastungsstörung erlitt. Nachts plagten mich Albträume, so dass ich schweißgebadet aufwachte. Das

Schlafwandeln wurde in der darauffolgenden Zeit, so denke ich mal, vorprogrammiert. Ich besaß daher nicht nur ein „Tagesprogramm", sondern auch ein „Nachtprogramm".

Im Nachhinein muss ich feststellten, dass meine Kindheit alles andere als schön war.

3

In der Freizeit stand bei mir schon immer das Fußballspiel an erster Stelle.

Wir hatten damals im Viertel einen Fußballkäfig, in dem wir kickten. Alle Jungs aus dem sogenannten „Ghetto" trafen sich dort.

Seit meiner frühesten Kindheit bin ich Borussia-Dortmund-Fan und liebe noch heute das Vereinsleben mit seiner Moral, der Fairness, den Fans und vor allem das Spiel in einer Mannschaft.

Als in meiner Familie schlechte Stimmung aufkam, haute ich von Zuhause ab. Darauf mich das Jugendamt wieder aufgabelte und mich in ein Kinderheim steckte, das den Namen „Regenbogenhaus" trug.

Gitter vor den Fenstern versperrten die freie Sicht nach draußen.

Ich fühlte mich dort nicht wohl.

Die ersten Versuche eines Ausrasters folgten, doch die Betreuer waren in der

Überzahl und dadurch natürlich viel stärker als ich. Ich hatte nur eine einzige Chance, von dort zu entkommen, was mir dann auch gelang. Zumindest dachte ich es. Ich bin wieder zur meiner Mutter zurück, wo sich die Stimmung etwas beruhigt hatte.

Doch eines Tages, „circa zwei Wochen später", klingelte es an der Tür. Das Jugendamt stand im Hausflur.

„Pack deine Tasche und komm ohne Gegenwehr mit", befahlen sie mir, was ich dann auch tat.

Sie brachten mich nach Kappen, in eine Pflegefamilie, die mir von Anfang an nicht ganz geheuer war. Der Pflegevater sah wie ein zwei Meter großer Bär aus, der mir Angst einflößte und nach Gewalt roch. Was ich später auch zu spüren bekam.

Dort besuchte ich eine neue Schule, in der ich wieder schnell Anschluss fand.

In der neuen Familie herrschten strenge Regeln. So durfte ich, unter anderem, das Grundstück in dem kleinen Dorf bei Kappen nicht alleine verlassen.

Das Dorf hatte nicht viel zu bieten, bis auf die Schlei an der „Ostsee". Dort gab es einen heruntergekommenen Spielplatz mit einem noch schlechteren Fußballplatz. In der Nähe standen ein paar Pferde auf einer Koppel, die den ganzen Tag nur gefressen haben.

Das Grundstück der Familie durfte ich erst nach vier Wochen verlassen, nachdem ich mich in der Schule gut benommen hatte.

Danach folgte der nächste Schritt zum Spielplatz, der circa einhundert Meter entfernt lag.

Diese Zeit, in der ich das Grundstück nicht verlassen durfte, nutzte ich, indem ich mir das Fußballspielen selbst beibrachte.

Zweieinhalb Jahre lebte ich in dieser Familie. Der Pflegevater brachte mir, mit rigorosen Mitteln, Anstand bei, indem er mir mit Gewalt eine rohe Zwiebel in den Mund drückte, dass ich fast daran erstickt wäre.

Ich denke, daher kommt auch meine heutige Zwiebelphobie.

4

Eines Tages mussten wir zum Jugendamt, das mich danach in eine Psychiatrie brachte.

Ich war traurig, wurde zunehmend aggressiver und plante bereits nach zwei Wochen zu flüchten. Was mir auch wieder gelang. Diese Flucht wurde jedoch viel schwerer, als seinerzeit die Flucht aus dem Heim.

Mein Weg führte mich wieder zu meiner Mutter, die vor Freude weinte, als sie mich wieder in den Arm nehmen durfte.

Doch die Freude hielt nicht lange an, um genau zu sein, zwei Tage, bis die Polizei vor der Türe stand und mich wieder zur Pflegefamilie zurückbrachte.

Von dort aus wurde ich in verschiedene Erziehungseinrichtungen gebracht. Ich weiß nicht genau, wie viele es letztendlich waren, jedoch müssen es eine ganze Menge gewesen sein, denn in dieser Zeit ist meine Mutter mit meinen Geschwistern nach Oldenburg umgezogen.

Mit der Zeit verlegte man mich wieder in ein anderes Jugendheim, das nur zehn Kilometer von meiner Familie entfernt lag, so dass ich die Chance nutzte, um wieder abzuhauen.

Danach bin ich jeden Tag zu meiner Mutter gelaufen, obwohl ich es nicht durfte. Doch das war mir scheißegal.

Abends holte mich immer wieder die Polizei ab und brachte mich zurück ins Jugendheim nach Lenkahn.

Mit der Zeit sagten die Polizisten, dass sie sich wie ein Taxi fühlten. Eines Tages hatte die Polizei keine Lust mehr, mein Taxi zu spielen, und so konnte ich zu Hause bleiben.

In der Zeit hatte ich bereits mehr als zehn verschiedene Schulen besucht, so dass ich in der neuen Schule von Oldenburg mit dem Stoff nicht hinterherkam.

Zu meinem Vater, der bereits eine neue Frau besaß, hatte ich keinen Kontakt. Er war mir fremd, da ich ihn nie zu Gesicht bekam.

5

Eines Morgens stand ein Mann vor unserer Haustür, der sich wie folgt vorstellte;

„Hallo, ich bin ein Mitarbeiter vom Jugendamt und habe den Auftrag, Sie in ein betreutes Wohnen, nach Rendsburg, zu bringen.

Ich nahm die Herausforderung, meine Familie wieder verlassen zu müssen, schweren Herzens an, denn was anderes blieb mir ja nicht übrig, da der Mann vom Jugendamt mir mit der Polizei drohte, wenn ich dem nicht Folge leisten würde. Ich packte daher ein paar Klamotten zusammen und fuhr mit ihm mit.

Wir verstanden uns ausgesprochen gut, was ich seltsam fand! Bei dem Gedanken, wieder eine neue Schule besuchen zu müssen, wurde mir ganz schlecht.

Wieder neue Menschen, eine neue Umgebung, neue Regeln, und wie sollte ich bei so einem Durcheinander, wieder Anschluss, Ruhe und vor allem

Vertrauen.in jemanden finden? Nach drei Monaten gab es massige Probleme im betreuten Wohnen, und Gespräche führten dazu, dass ich meinen Hauptschulabschluss im Ausland machen musste. Man bot mir Irland oder Ungarn an, und ich entschied mich für Ungarn. Also flog ich mit einem Betreuer nach Ungarn, und wieder gab es neue Menschen, eine neue Schule, eine neue Umgebung und vor allem eine neue Sprache. Ich kam auf eine ungarische Schule, in der ich mich kaum verständigen konnte.

Doch in Sachen Lernen hatte ich noch nie Schwierigkeiten, so dass mir dies auch hier zugutekam. Das Erste, was ich auf Ungarisch lernte, war „Hallo, wie geht es dir." Das heißt; „Szià hògy Vadjòk?"

Die Familie, in die ich gekommen war, lebte in einem Dorf namens Kòny, das in der Nähe von Györ und Csòrna liegt.

Die Familie hatte, außer mir, noch andere Jugendliche aufgenommen, so dass ich dort mit einer Gruppe deutscher Jungens zusammenlebte. Wobei ich feststellen musste, dass diese Familie mehr als streng war!

Ich lernte bereits nach wenigen Tagen, außerhalb der Familie, neue Freunde kennen und fand auch dort schnell Anschluss. David, Victoria und Centia hießen sie und waren alle ungarischer Herkunft, so dass mir das Lernen der Sprache wesentlich leichter fiel als den Anderen, wobei David auch sehr gut Deutsch sprach.

Wir verbrachten die ganze Freizeit miteinander, angelten, spielten Fußball, grillten, tranken ungarisches Bier, das „Sòproni" hieß, und lachten viel. Wir verstanden uns blendend. Als ich nach anderthalb Jahren einen Megastress mit dem Gastvater bekam, der zu einer starken körperlichen Auseinandersetzung führte, ergriff ich erneut die Flucht.

Das war jedoch leichter gesagt als getan, da meine Mutter inzwischen nach Fulda umgezogen war und dort einen neuen Mann kennengelernt hatte. Ich ließ alle meine Sachen bei der Familie zurück, und fing an, Kilometer um Kilometer zu laufen.

Nach zwei Tagen ohne Schlaf und Nahrung und zu Fuß unterwegs, wusste ich nicht mehr, wo ich war. So fragte ich mich durch, wie ich denn am besten und

schnellsten nach Györ kommen könnte.
Die Strecke dorthin betrug über 60 Kilometer, doch ich biss die Zähne zusammen, da ich es unbedingt bis nach Fulda, zu meiner Mutter, schaffen wollte!Endlich sah ich in weiter Ferne eine Stadt und fing an, mein Lauftempo zu verdreifachen. Ich freute mich schrecklich, jedoch oh Schreck, musste ich feststellen, dass ich erst die 60 Kilometer nach Gör zurückgelegt hatte und noch eine Strecke von über 1000 Kilometer vor mir lagen, um bei meiner Mutter anzukommen. Als ich in Györ ankam, fragte ich mich durch, wo der Bahnhof sei, den ich dann auch nach 20 Minuten endlich erreichte.
Ich stieg in den Zug nach Csòrna und von dort in den nächsten Zug nach Wien. In Wien angekommen, suchte ich die Verbindung nach Nürnberg. In Nürnberg suchte ich die Verbindung nach Frankfurt am Main. Und von da suchte ich den letzten Zug nach Fulda. Einhundert Kilometer lagen jetzt noch zwischen meiner Mutter und mir und ich konnte es kaum erwarten, wieder bei meiner Mutter zu sein, die mich wieder in ihre Arme schließen würde.

Die ganze Strecke legte ich ohne finanzielle Mittel zurück. In Fulda rief ich meine Mutter an, um ihr mitzuteilen, dass ich gleich Zuhause sein würde. Sie brach in Tränen aus, dabei fragte ich sie, ob sie 20 Euro für ein Taxi für mich habe, da ich die Strecke zu ihr einfach nicht mehr zu Fuß zurücklegen könne. Ich war einfach zu kaputt. Als sie das bejahte, stieg ich in das letzte freie Taxi vor dem Bahnhof und fuhr nach Hause, zu meiner Mutter. Ich war so aufgeregt wie sonst was, dabei stank ich nach den vielen Tagen unterwegs, bestialisch. Ich klingelte an der Haustür, meine Mutter machte die Türe auf und ich fiel in ihre Arme.

Ihr Gesicht war völlig nass vor Tränen! Ich stieg sofort in die Badewanne und machte mich frisch, während meine Mutter mir mein Lieblingsessen kochte. Geschnetzeltes mit Curryreis. Ich war mehr als glücklich, endlich wieder Liebe und Zuneigung zu erhalten. Zu dem Zeitpunkt war ich 14 Jahre alt und ließ mir mein erstes Tattoo stechen mit dem Namen meiner Mutter. Als sie das sah, war sie hin und weg. Ich habe es ihr angesehen! Vier Monate lebte ich dort.

Dann bin ich vom Jugendamt wieder geschnappt worden.

6

Diesmal ging es in ein Kinder und Jugendheim nach Zarnekau (Schleswig - hohlstein) Dort lebte ich ziemlich genau zwei Jahre lang. Ich meldete mich bei einem Fußballverein namens TSV Süssel an, wo ich mir einen guten Ruf erarbeitete. Knipser nannten sie mich dort, da ich viele Tore für den Verein geschossen habe.
Im selben Ort war auch meine neue Schule, wo sich Probleme durch mein ADHS stapelten.
(ADHS sind Personen, die in drei Bereichen Schwierigkeiten haben: Im Wahrnehmungsbereich, in ihrem Sozialisations-Verhalten sowie im motorischen Bereich)

Immer öfter flog ich aus dem Unterricht. Dadurch musste ich die 7.te Klasse wiederholen, da meine Noten nicht gerade besonders gut waren. Nach zwei Jahren zog ich nach Eutin (Schleswig-Holstein) in eine kleine Pflegefamilie, wo mein Zimmer ein umgebauter Baucontainer war, in der Größe von acht Quadratmetern, wenn überhaupt. Dort lernte ich einen neuen „guten Freund" kennen, der Musik begeistert war und der meinte, in mir ein Talent zu entdecken.

Wir schrieben die ersten Texte, die total sinnlos waren. Eines Tages stand wieder ein Gespräch beim Jugendamt an, das mich danach in eine Psychiatrie steckte.

7

So langsam wurde auch ich älter und vor allem reifer, und ich merkte, wie schwer es eigentlich war, Vertrauen aufzubauen, wenn du deine ganze Kindheit in verschiedenen Jugendheimen, fremden Familien und Psychiatrien verbracht hast.

Viele denken sich jetzt, was ist schon so schlimm daran? Dabei muss ich euch sagen, dass es nicht einfach ist, ohne eine Bezugsperson aufzuwachsen. Wenn du Vertrauen verloren hast und du als Einzelkämpfer durchs Leben gehen musst und immer wieder fällst, dann deprimiert es einen. Und genau so war es bei mir. Weil ich zu keinem Menschen mehr Vertrauen hatte, wollte ich immer alles alleine schaffen und habe nie jemanden an mich ran gelassen. Dabei sind mehrere Therapien fehlgeschlagen, weil ich, auf deutsch gesagt, kein Bock auf solche Idioten hatte.
Was wissen die schon von mir und

meinem Leben?
Außer dass ich ADHS habe, impulsiv handle, null Achtsamkeit besitze und bla, bla, bla. Rein gar nichts wissen diese Menschen von mir. Freunde hatte ich nie wirklich viele gehabt, aus dem ganz einfachen Grund, weil ich nie Freunde fand, die dieselben Interessen wie ich besaßen, und kaum hatte ich einen Freund gefunden, musste ich wieder fort.
Manche von denen, die ich damals kannte, gingen freitags saufen und auf Party, sowie Drogen konsumieren. Doch für mich war das Ganze nichts, obwohl ich Grund genug dafür gehabt hätte, meinen Körper kaputt zu machen. Ein Grund dafür, warum ich keine Drogen nehme und kaum Alkohol trinke, ist, dass meine Tante im Alter von 36.Jahren an Drogen und Alkohol gestorben ist, und ich wollte nicht werden wie sie. Ich wollte ein schönes Leben haben. Dies Erlebnis, mit meiner Tante, hat mich ziemlich mitgenommen und aus der Bahn geworfen, daher rühre ich bis jetzt keine Drogen an. Irgendwann lernte ich wieder einen neuen „besten Freund" kennen, mit dem ich viele Sachen unternommen habe.

Er schlief fast jeden Tag bei mir, in diesem acht Quadratmeter großen Container und wir verstanden uns einfach super. In der Pflegefamilie, in der ich in dieser Zeit lebte, war es langweilig. Das Einzige, was ich an dieser Familie geil fand, war, dass sie eine eigene Imbissbude besaßen, mit dem Namen „Bad Malente" Dort ging ich nach der Schule meist essen. Pommes mit Gyros mit -sau viel Knoblauch Sauce. Lecker war es, nur der Laden war die reinste Katastrophe. Meine Pflegeschwester war zu allen Kunden total unfreundlich.

Mein Pflegebruder war total ungepflegt, mit total vergammelten Zähnen, die einfach nur widerlich waren. Dabei dachte ich für mich, eigentlich sollte man solchen Menschen nicht an Kunden ran lassen. Abends, wenn der Imbiss geschlossen wurde, haben sich meine Pflegeschwester und mein Pflegebruder im Imbiss getroffen, um zu saufen. Ein geiles Konzept, fand ich, wenn man die Ware kauft und sie dann selber konsumiert. Die haben damit bestimmt einen Megaumsatz gemacht. „Natürlich ironisch gemeint."

8

Aber da gab es noch den Koch, der als Einziger seine Arbeit mehr als gut machte. Ich kam des Öfteren mit ihm ins Gespräch und wir verstanden uns vom ersten Augenblick an blendend. Ich fragte ihn einmal, ob er nicht mal Lust hätte, mir beim Fußballspiel am Wochenende zuzugucken, da meine Pflegefamilie kein Interesse an meinem Hobby zeige.
Er sagte; „Na klar", und kam danach zu fast jedem Spiel, bei dem ich aufgestellt wurde. Nach einem der Spiele erzählte er mir, dass er mit einem Mann zusammenlebe und dies seit mehr als 20 Jahren. Als Erstes war ich einmal geschockt, aufgrund meiner Kindheit, was mir damals passiert war. Mit der Zeit wurden wir jedoch vertraut, und trotz meinen Erlebnissen des Missbrauchs in meiner Kindheit, konnten wir ein gegenseitiges Vertrauen aufbauen. Eines Tages lud er mich zu einem Abendessen zu sich nach Hause ein, das ich dankend

annahm, da er ja ein Spitzenkoch, meines Wissens nach, war. Er stellte mir seinen Lebensgefährten vor, mit dem ich mich von Anfang an auch super verstand. Der Humor passte einfach zusammen und wir lachten über jeden Scheiß, was ich bis heute noch mache. Also über jeden Scheiß zu lachen.

Es gab irgendeinen Braten, soweit ich mich noch erinnern kann, mit ganz viel Liebe zubereitet.

Nach dem Essen fragten mich die beiden, ob ich nächstes Wochenende wider kommen möchte, Ich sagte: „Na klar", und fragte noch, ob ich meinen besten Freund mitbringen dürfte, was sie ohne zu zögern, ebenfalls mit Ja beantworteten. Die beiden waren mir von Anfang an sympathisch und so ging ich jedes Wochenende zum Abendessen zu ihnen.

Nachdem ich nach einer gewissen Zeit die beiden richtig kennenlernte, kamen wir zu dem Entschluss, dass ich zu ihnen ziehesolle, da sie noch ein Zimmer frei hätten. So gesehen adoptieren sie mich, nur ohne schriftlichen Schnickschnack.

Ich zog mit meinen 16.Jahren zu den beiden Männern und lebte mich dort schnell ein. Mit der Zeit konnten wir ein Vertrauen zueinander aufbauen, das mich, von meiner Seite her, erstaunte, da ich bis dahin das Vertrauen zu allen Menschen verloren hatte.

Natürlich musste ich auch einer Arbeit nachgehen, oder zumindest eine Schule besuchen, und so entschlossen wir drei uns, dass ich in eine berufsvorbereitende Bildungsmaßnahme „BvB" gehen sollte. Wir meinten, dass dies das Beste für mich wäre, mit meiner Vergangenheit, um im Leben Tritt zu fassen.

9

Als ich mit Thomas in Lenkahn ankam, stiegen wir aus dem Auto. Thomas brachte mich das erste Mal in die Schule, während Stefan seiner Arbeit, als Altenpfleger, nachging. Wir schauten uns auf dem Weg zum Eingang, aufgeregt um. Am Eingang angekommen, sah ich an einem Fenster jemanden herausgucken. Es war ein blondes Mädchen, das mich die ganze Zeit anstarrte.

Wir meldeten mich bei der „BvB" an und am nächsten Tag ging es schon los. Jeden Morgen brachte mich Thomas mit dem Wagen zur BvB. Seltsamerweise, steht die BvB genau auf demselben Grundstück, wie von meinem früheren Kinderheim, von wo ich jeden Tag abgehauen bin, um zu meiner Mutter nach Oldenburg zu laufen.

Aber das war mir scheißegal. Ich wollte etwas aus meinem Leben machen, und so entschied ich mich, in dem Bereich Hotel und Gastronomie einsetzen zu lassen.

Dort gab es eine blonde Griechin, die ständig Anspielungen machte, sie würde auf mich stehen. Ich fand sie auch hübsch und sympathisch und so alberten wir jeden Tag herum. Zum Rauchen mussten wir nach draußen, in einen Raucherpavillon, mit den ganzen anderen „BvB"Teilnehmern, und da kam es auch hin, das blonde Mädchen, das mich am ersten Tag am Fenster beobachtet hatte. Ich musste sie dauernd anschauen, so dass ich alles um mich herum ausschaltete. Als sie näher kam, sagte sie:, „Na, bist du neu hier?", was ich mit „Ja" beantwortete. Sie grinste und sagte:, „Oh, wie cool." Nachdem wir ausgeraucht hatten, ging sie wieder an ihren Arbeitsplatz und ich an meinen. Sie machte eine Ausbildung zur Hauswirtschaftlerin. In der BvB gab es eine Mensa, wo wir alle zusammen Mittag gegessen haben. Dort starrte mich das blonde Mädchen bei jeder Gelegenheit an. Da setzte sich die blonde Griechin neben mich und flirtete „nonstop" mit mir, so dass ich nicht wusste, für wen ich mich entscheiden sollte. Nach Schulschluss wartete ich auf das blonde Mädchen, und

als sie kam, fragte ich sie nach ihrem Namen und ob ich sie bei Facebook kontaktieren dürfe. Sie antwortete mit einem tiefen Grinsen:; „Ich heiße Valentina, und, na klar darfst du das. Ich würde mich sogar sehr darüber freuen."
Ich schrieb mir ihren Namen auf und nahm später den Kontakt über Facebook zu ihr auf. Wir schrieben uns die ganze Nacht hindurch und waren total auf einer Wellenlänge. Am nächsten Tag kam ich übermüdet zur „BvB" und sie auch. Ich nahm sie bei der Begrüßung in den Arm und war total von ihr angetan, und es schien, sie auch von mir. Ich hatte mein Handy immer bei mir und wir schrieben uns während der Arbeitszeit, obwohl das strikt verboten war, und als
die blonde Griechin das mitbekam, wurde sie eifersüchtig, was mir aber egal war. In der Raucherpause fragte ich Valentina, ob sie am Wochenende schon was vorhabe, und als sie Nein sagte, fragte ich sie einfach, ob ich zu ihr kommen solle, da ich auch nichts vorhabe. Sie sagte Ja und war total geflasht. Na ja, zugegeben, ging es ja schon sehr schnell, aber ich bin kein Typ, der lange redet. Wenn ich jemanden mag,

dann steh ich auch dazu. Und gegen Gefühle kann man leider nichts machen.
Sie sah es genauso wie ich.
Also fuhr ich am Wochenende zu ihr und wir verbrachten das ganze Wochenende zusammen. In der ersten Nacht haben wir bereits miteinander geschlafen, so dass wir da bereits wussten, dass wir auch hier harmonierten.
Und eine Liebe ohne Sex? Geht ja gar nicht! Wir verliebten uns ineinander, wollten es nur noch nicht offiziell machen, da wir wussten, dass irgendjemand lästern würde.
Die Beziehung hielt sehr lange. Wir unternahmen viel miteinander. So fuhren wir zum Beispiel mit Thomas und Stefan in den Urlaub nach Dänemark, was echt geil war!
Mit achtzehn machte ich meinen Autoführerschein und bestand alle Prüfungen bereits beim ersten Mal. Keiner hätte gedacht, das ich so früh meinen Führerschein habe würde, aber ich habe es allen gezeigt, mit viel Kampf, denn einfach war es nicht.
Der Theoretische Unterricht war ätzend. Über 30 Fehlerpunkte machte ich jedes

Mal. Als ich keine Lust mehr hatte, auf die Prüfung zu warten, meinte ich zu meiner Fahrlehrerin; „Du, jetzt lass mich mal zur Prüfung zu", und sie meinte, dass ich eh durchfallen würde, wenn ich immer noch so viele Fehler in der schriftlichen Arbeit machen würde.

Ich war jedoch der Meinung, dass es einfach nur Faulheit von mir sei, so wie eine Konzentrationsschwäche.

Schließlich meldete sie mich zur Prüfung an und ich bestand diese mit genau 10 Fehlerpunkten.

Ich war so glücklich wie noch nie.

Zwei Wochen später musste ich noch zur praktischen Prüfung, die ich ohne Fehler bestand, so auch die Anhängerprüfung.

Am Tag nach meiner Prüfung bin ich mit Stefan und seiner Schwester nach Hamburg gefahren, auf das „Söhne-Mannheim-Konzert mit „Xavier Naidoo".

Mit über einer halben Stunde Verspätung, wegen des Staus in Hamburg, sowie auf der Autobahn, sind wir endlich angekommen. Es war genial. Die Stimmen, die Melodien, die Instrumente, einfach nur megageil.

Ich war hin und weg von dieser Stimmung,

und so beschloss ich die Sache mit der Musik ein bisschen ernster anzugehen.

Ich schrieb nächtelang irgendeinen Scheiß auf, der überhaupt keinen Sinn ergab, sondern sich einfach nur reimte.

Meine ersten richtigen Aufnahmen machte ich ebenfalls mit einem „Headset", und da ich mich überhaupt nicht mit Technik auskannte, veröffentlichte ich die Lieder nicht. Sie waren einfach nur grausam. Ich schrieb immer weiter, bis die Texte besser wurden, und so veröffentlichte ich mein erstes sogenanntes Lied und fand es für den Anfang nicht schlecht. Aber auch das wurde kein Riesenhit, der die Charts stürmen würde. Ich suchte mir bei Facebook ein paar Freunde, die auch Interesse besaßen, eine eigene Musik zu produzieren. Wobei sich dort nur einer meldete. Es war ein Rapper mit einer richtig tiefen Stimme. Ich fand, dass das funktionieren könnte, mit den zwei unterschiedlichen Stimmen.

Und so holte ich ihn mit meinem zweiten Auto, einem BMW-320, ab (mein erstes war ein Ford Ka) und wir fuhren zu mir. Dort schrieben wir die ganze Zeit Texte, bis die Finger uns wehtaten.

Wir wollten was Geiles reißen, mit einem Musikvideo und allem Drum und Dran. Das war leichter gesagt als getan, wenn du so was noch nie gemacht hast, und so war der Anfang auch nicht perfekt. Wir trauten uns weiter und nahmen das geschriebene Lied auf. Anschließend fuhren wir mitten in der Nacht zum Weißenseer Strand und drehten dort, mit meinem Handy, das Musikvideo.

Es war nicht wirklich gut, aber wir fanden es für den Anfang nicht schlecht, und so stellten wir es ins Internet bei Youtube. Dort gab es nicht viele Klicks für uns, weil keiner die Musik so wirklich mochte. Das war uns jedoch egal. Wobei wir uns damals über 50 Klicks gefreut hatten, das uns motivierte, immer weiterzumachen. Mit meinem neuen Rap-freund hatte ich meinen ersten Live Auftritt auf der Travemünde Woche, vor vielen Zuschauern.

Der ganze Strand war proppenvoll. Wobei der Auftritt nicht wirklich gut war, aber für dass Erste war es meiner Meinung nach, ganz okay. Zum Schluss haben alle „Zugabe!" gerufen und geklatscht. Ich denke, dass sie über unseren Mut geklatscht haben, vor so vielen Menschen live zu rappen, wenn du nicht einmal weißt, wie es ankommt. Anschließend fuhren wir, nach dem Auftritt, nach Hause, wobei wir uns auf der Heimfahrt über unseren Auftritt unterhielten und ich eigentlich alles ganz okay fand, nur mein Freund war nicht so begeistert davon. So beschlossen wir zukünftig getrennte Wege zu gehen. Er wollte seine Musik weitermachen und ich meine ganz alleine, da ich nie auf die Hilfe anderer angewiesen sein wollte, wobei es alleine meist schwerer war, das wusste ich, trotzdem ich es immer geschafft habe.

10

Mit Valentina war ich bis dahin immer noch zusammen. Wir verstanden uns so gut, wie am ersten Tag, nur gab es immer wieder mal kleine Streitereien, die aber in einer langen Beziehung eigentlich normal sein sollten. Wenn man sich gegenseitig respektiert und akzeptiert und sich hilft und man miteinander reden kann, dann sollte eine Beziehung jahrelang halten können. Wir unternahmen viel gemeinsam, fuhren zum Strand, was mittlerweile Standard geworden war. Dort den Wellen zuzuhören, die frische Ostseeluft einzuatmen und den Sonnenuntergang zu genießen, in völliger Stille. Na ja, das eine übers andere Mal gab es auch ein bisschen mehr als Kuscheln am Strand, aber wir waren ja zum Glück ungestört. Sie war das erste Mädchen, für das ich ein Lied geschrieben habe. Als ich es ihr gab, war sie hin und weg und wusste gar nicht, wohin mit der Freude. Wir verstanden uns immer noch

so gut wie früher, so dass wir beschlossen, dass ich zu ihr und ihrem Cousin einziehen sollte. Der Cousin wohnte mit ihr in einer Dreizimmerwohnung, so dass sie genug Platz für mich hatten, also zog ich um.
Als es dann nach ein paar Wochen zu Streitereien kam, zog ich wieder von dort aus, wir blieben jedoch zusammen.

Ich weiß nicht, aber ich denke, dass ich eher ein Typ bin, der vor Problemen wegläuft, anstatt sie normal und sachlich zu klären. Ich hab einfach so eine Schwäche, die ich kenne, bevor ich ausraste und mich vergesse. Sie war ein tolles Mädchen, mit Humor, Freude am Leben, und besaß eine Art Charme, die sie durch ihre fabelhafte Optik herüberbrachte. Ich war noch immer in sie verliebt, wie am ersten Tag. Eines Tages jedoch haben wir uns so heftig gestritten, dass ich komplett einen Ausraster bekam. Dabei wurde ich zwar nicht handgreiflich, jedoch war ich so schwer enttäuscht und habe vor lauter Verzweiflung herumgeschrien, weil sie mich zur Weißglut brachte. Damit wurde ich nicht fertig, und so bin ich wieder nach Fulda, zur meiner Mutter, gezogen. Ich konnte einfach nicht mehr.

Wie kann man einem Menschen nur so was antun?

Mit Gefühlen spielt man nicht. Ich packte meine Sachen und fuhr mit meinem Renault Lagune, einem 207PSGeschoss, mit seinem Drei Liter Hubraum, nachts über die Autobahn nach Fulda, wobei ich die Strecke von 512 Kilometern in weniger als 4 Stunden zurücklegte. Es waren, meine ich, sogar nur dreieinhalb Stunden, um genau zu sein. Wir hatten uns getrennt, und sie hatte nichts Besseres zu tun, als mit ihrem Exfreund in die Kiste zu springen. In der Zwischenzeit habe ich alle meine Tattoos bei einem alten Freund stechen lassen. Ich liebe Tattoos! Als ich ein paar Monate bei meiner Mutter gewohnt hatte, merkte ich, dass mir Valentina fehlte, und so schrieb ich ihr eine Nachricht auf Facebook, ob sie nicht Lust hätte, zu mir nach Fulda zu ziehen. Von dem Vorschlag war sie gar nicht begeistert, aber ich wollte die Beziehung nicht einfach so aufgeben. Schließlich war sie meine erste große Liebe, und so zog ich meine Strategie ein wenig an und malte ihr eine bunte Welt von meinem Zuhause. Dabei habe ich so lange auf sie eingeredet, bis sie schließlich Ja sagte und ich sie am nächsten Tag, mit meinem Auto, am Bahnhof in Fulda, abholen konnte. Als wir bei mir zuause waren, haben wir uns erst einmal stundenlang, ohne jegliche Unterbrechung, unterhalten. Abends sind wir dann ins Bett und haben uns Twillight, bis zum Morgengrauen reingezogen. Wir kuschelten miteinander und wurden zärtlich. Als ich sie küsste, erwiderte sie meine Küsse, und so kam es schließlich dazu, dass wir miteinander heftigen Sex hatten.

Am nächsten Morgen habe ich ihr das Frühstück ans Bett gebracht. Abends kippte dann ihre Stimmung und sie fing auf einmal an zu weinen und meinte, sie wolle wieder nach Hause. Sie habe Heimweh. Ich war traurig und frustriert und wusste in dem Moment nicht, was ich sagen sollte. Ich nahm sie in den Arm und beteuerte:; „Auch wenn du jetzt wieder fährst, so werde ich dich nie vergessen und dich immer lieben." Aber irgendwie kam ich damit nicht so wirklich klar, es dauerte eine Woche, bis wir uns so heftig stritten, dass ich sie rausgeschmissen habe, weil ich einfach nicht mehr weiterwusste. Sie rief ihre Mutter an, die sie dann aus Fulda mit dem Auto abholte.

Damals war ich ein Arschloch, ich weiß es. Aber was hätte ich denn machen sollen? Meine große Liebe einfach so gehen lassen, nach so einer langen Zeit, in der wir zusammen waren? Wir waren doch gerade erst wieder zusammengekommen.

Zwei Monate hörte ich nichts von ihr, bis sie mir eines Tages bei „Whats App" schrieb und mir mitteilte, sie sei schwanger.
Nur wisse sie nicht, ob das Kind von mir sei. Zu dem Zeitpunkt fragte ich mich ehrlich; Wie kann ich mich nur in einem Menschen so getäuscht haben, dass sie nicht einmal weiß, wer der Vater von ihrem Kind ist?
Für Sex schien ich ja anscheinend gut genug gewesen zu sein. Nur ich war keiner, der nur Sex mit ihr wollte. Ich hatte vor, mein ganzes Leben mit ihr zu

verbringen, eine Familie zu gründen und eine Zukunft mit ihr zu haben. Es tut mir heute noch weh, wenn ich nur daran denke.
Es blockiert mich, obwohl wir einst so vertraut waren. Ich hatte früher immer das Gefühl gehabt, als wenn sie mich nur für sich alleine wollte. Im Nachhinein denke ich, dass sie anscheinend mit meinem Rapper Image nicht klarkam.

11

Für meine Musik brauchte ich natürlich auch einen Künstlernamen, dachte ich.

Monatelang überlegte ich, wie ich mich nennen soll, wobei das gar nicht so einfach war.

Auf jeden Fall wusste ich, da ich ein großer SakuYa Fan bin, sollte mein Künstlername möglichst japanisch klingen, so dass ich mich für den Namen SakuYa entschied.

Das hört sich zwar jetzt nicht so berauschend an, nur für mich bedeutet es sehr viel, einen Namen zu besitzen, mit dem ich mich identifizieren kann.

SakuYa hatte auch eine schwere Kindheit und anschließend ein sehr schweres Leben. Er gab jedoch nie auf, obwohl er oft fiel. Mit diesem Namen habe ich die ersten Lieder bei Youtube hochgeladen, auch um zu testen, wie sie ankommen.

Viele Leute kennen mich inzwischen unter meinem richtigen Namen überhaupt nicht, jedoch denke ich, dass es mir mittlerweile egal ist, wie man mich anspricht.

Ich drehte meine ersten richtigen Videos mit einer richtigen Kamera, einer Nikon D3200, die ziemlich teuer war.

Mit der Zeit hatte ich mir das Geld dafür zusammen-gespart, bis ich mir diese kaufen konnte.

Ich benutze das Video Bearbeitungsprogramm Sony Wegas, das sehr kompliziert ist, so dass ich mich bis heute damit, Tag für Tag, auseinandersetzen muss.

Ein Video zu schneiden und zu bearbeiten ist wirklich schwer. Ich kann`s bis heute noch nicht so wirklich gut, aber ich gebe mein Bestes und finde, nur das zählt. Wie ich meine Lieder aufnehme, ist auch so ein Ding. Ich habe einen alten Kleiderschrank zu einer Aufnahmekabine umgebaut, wobei das Ding fast auseinanderfällt, aber es erfüllt seinen Zweck. Aufgenommen habe ich bis heute immer mit einem USB Studiomikrofon. Das, was ich aktuell besitze, kostete achtzig Euro, aber wirklich gut ist es auch nicht, nur besser als ein Headset.

In Zukunft hoffe ich mit einem richtigen

Studiomikrofon, sowie einem Mischpult und allem Drum und Dran, arbeiten zu können. Leider entspricht die Qualität noch immer nicht meiner Vorstellung, wobei es an meiner Stimme nicht liegen kann. Auch nicht daran, wie ich das abmische. Ich denke, es liegt zum großen Teil am Mikrofon. In dieser Zeit hatte ich nichts anderes mehr im Kopf, als die blöde Musik.

12

Und dann kamst du.
Es gab so viele Menschen in meinem Leben, die versucht haben, mich zu ändern, doch ich ließ dies nie zu.
Zusätzlich wollte ich jedem den Rücken kehren, wenn ich merkte, dass er mich nicht mag oder mich ändern will. In dieser Zeit fuhr ich mit meinem damals „besten Freund" immer öfter abends zu Frauen, die wir tagsüber kennengelernt hatten,
nachdem ich mich von Valentina getrennt hatte.
Ich wollte nur noch meinen Spaß haben, in der Hoffnung, dass mich dort keine Frau verletzen könnte. Doch eines Tages lernte ich jemanden aus einer Dettingen App kennen und fuhr mit ihr nach Hause.
Wir verliebten uns sofort ineinander. Nach zwei Minuten küssten wir uns bereits. Es war aufregend, es war spannend und einfach nur schön. Dabei merkte ich, dass bei dem Geknutschte mein Bauch verrückt spielte, mein Herz schlug schneller als gewöhnlich, wobei ich mich fürchtete,

wieder verarscht zu werden. Aber egal, ich nahm es in Kauf und fuhr nun immer öfter zu ihr.

Beim dritten Date hatten wir schon Sex und der Sex mit ihr war was Besonderes. Irgendwie völlig anders, als mit den anderen Frauen. Sie erfüllte meine Wünsche und ich ihre. Das hat einfach alles perfekt zusammen harmoniert. Bis heute sind wir ein Paar und haben einen gemeinsamen Sohn.

13

Und dann kamen die Einbrüche.
In dieser Zeit fuhr ich jeden Abend zu meinem damals anderen „besten Freund" Er hieß Michael und wohnte im nächsten Dorf. An diesen Abenden zockten wir Sellafield gegeneinander, dabei muss ich ehrlich gestehen, dass er besser als ich war, da er immer gewann. Eines Abends kam es dann soweit, dass wir einfach ein bisschen Spaß haben wollten und so fuhren wir mit meinem Auto durch die Gegend. Halb zehn abends ging es von seiner Wohnung aus los, bis er zu mir sagte:; „Lass mal was starten!" Ich wunderte mich, was er damit meinte, und fragte ihn:, „Was meinst du damit?" „Ja, am besten wir starten irgendwo einen Einbruch."
Zuerst lehnte ich ab:, „Mann", sagte ich zu ihm,: „so was geht gar nicht!" Doch irgendwie hat er es geschafft, mich von seinem Vorschlag zu überzeugen. Wir fuhren zu einem Objekt, bei dem wir uns

Zutritt verschafft hatten und meinten, dort Bargeld zu finden, dass wir dann auch fanden, bevor wir wieder verschwanden.

Es war eine ganze Menge Geld, soviel hatte ich noch nie in der Hand gehabt. Jedenfalls hatten wir so viel Spaß dabei, dass wir es nun fast jeden Abend machten. Bis wir eines Tages, durch einen blöden Zufall, ertappt wurden. Bei diesem Einbruch hatten wir einen Tresor gestohlen und ihn in ein Waldstück gefahren, wo wir so lange mit einem Vorschlaghammer auf den Tresor einschlugen, bis er geöffnet war. Erst am Tag vor dem Einbruch hatte ich mein neues Auto zugelassen, einen BMW mit Flügeltüren, und da am Tag des Einbruchs ein starker Wind ging, legten wir das Geld sowie die Kassetten, die auch im Tresor gelegen hatten, ins Handschuhfach meines BMW. Dabei muss der Kassenzettel von meinem neuen Kennzeichen raus geflogen sein.

Am nächsten Tag stand die Polizei vor meiner Haustür und legte mir Handschellen an. Der Richter verdonnerte mich zu zwei Jahren und fünf Monaten

Freiheitsstrafe.

Mein Anwalt jedoch meinte, wir sollten in Berufung gehen, was wir dann auch taten, das mir jedoch kein Stück Erleichterung brachte. Zwei Jahre und vier Monate sind dabei herausgekommen. Also einen Monat weniger.

14

In der ersten Nacht im Gefängnis bekam ich kaum ein Auge zu.
Die zwei Monate in Untersuchungshaft verbrachte ich in einer Zelle, die so was von klein war, dass sich das kein Mensch vorstellen kann. Ich versuchte mich an das Knast leben-, so schnell wie möglich zu gewöhnen, was jedoch nicht so einfach war, da jeder Häftling einen anderen Charakter hat. Mal gibt es nette, humorvolle Häftlinge und andere, die total aggressiv sind, die du nicht einmal schief angucken darfst. Nach den zwei Monaten Untersuchungshaft kam ich in die Strafanstalt. Dort steckte man mich in eine Wohngruppe mit neun weiteren Häftlingen. Ich bemerkte schnell, dass diese Wohngruppe die ruhigste aus dem Knast war. Natürlich gab es in unserer WG auch Häftlinge mit schlimmen Straftaten, wie Körperverletzung, Mord, Drogen und, und. Aber das sah man den

Leuten nicht an, wobei mich das im Moment auch gar nicht wirklich interessierte, weshalb die hier waren. Ich bin ein Mensch ohne Vorurteile und musste feststellen, dass die Knastbrüder aus der Gruppe im Allgemeinen alles nette Menschen waren, mit denen ich nun die nächsten Monate und Jahre zusammenleben musste.

Und so hab ich mich Tag für Tag langsam eingelebt. Wenn ich es richtig betrachte, so hatte ich den Eindruck, dass ich in keinem richtigen Knast war, sondern eher in einer Jugendherberge lebte. Die Zellen in unserer Gruppe waren um einen Aufenthaltsraum angelegt. Tagsüber waren die Haftzellen meist geöffnet, so dass wir Billard, Tischkicker, Tischtennis oder sonst was spielen konnten. Unsere Sozialarbeiterin (keine Gefängniswärterin) legte großen Wert auf ein ruhiges und respektvolles Miteinander, und ich empfand sie als eine ganz liebe Frau, mit sehr viel Wissen. Sie erklärte mir auch, dass dies Gefängnis für Jugendliche zwischen 18 bis 22 Jahren wäre, dessen Aufgabe weniger die Strafe für unser Vergehen sei, sondern uns auf ein Leben in Freiheit, ohne Straftaten, vorbereiten solle. Am Anfang hatte ich natürlich auch meine Probleme, so hab ich mir zum Beispiel des Öfteren irgendwo Tabak oder Kaffee ausgeliehen und bin damit in die Schulden-falle getappt. Als ich jedoch mit der Arbeit im Knast anfing, konnte ich meine Schulden alle begleichen. Ich fing in der Tischlerei an zu arbeiten. Die Arbeit gefiel mir jedoch nicht wirklich, da ich handwerklich nicht begabt bin.

Dies ließ ich mir die erste Zeit jedoch nicht anmerken. Der Chef in der Tischlerei war ein cooler Mann, humorvoll und ein lustiger Typ. Ich mochte ihn. Dort erarbeitete ich mir zwei Qualitätsbausteine, die ein Teil einer Ausbildung war. Für eine ganze Ausbildung als Schreiner benötigt man mehrere Qualitätsbausteine und jeder Baustein dauert vier Monate. In der Zeit, in der ich mir die Qualitätsbausteine erarbeitete, entschied ich mich, auch den Hauptschulabschluss nachzuholen, wobei ich merkte, dass beides zusammen zu viel war. So entschloss ich mich, mich erst einmal nur auf die Schule zu konzentrieren. In der Zeit hatte jedoch der

Hauptschulkurs bereits seit drei Monaten begonnen, die mir natürlich fehlten. Trotzdem wollte ich es schaffen und gab einfach alles, was ich konnte, was auch belohnt wurde, indem ich den Abschluss mit einem Notendurchschnitt von 2,0 erfolgreich meisterte. Meine Noten lauteten:, Deutsch 1, Projektarbeit 1, Wieso 1, Biologie 2, Mathe 3, Englisch 4. Ich war mehr als zufrieden mit diesen Noten. Im Knast gab es auch ein Musikstudio, in dem wir einmal die Woche zum Üben runter durften, was ich natürlich vollkommen ausnutzte, um nicht aus der Übung zu kommen. Ich schrieb meine erste EP. Denn die Zeit dafür hatte ich ja im Überfluss. Zum Schluss konnte ich, nach über anderthalb Jahren meiner Haft, mit noch zwei abgeschlossenen Qualitätsbausteinen und einem guten Hauptschulabschluss entlassen werden.
Sinnvoller konnte ich die Knast-zeit nicht nutzen. Nach meiner Entlassung, die in drei Monaten fällig ist, habe ich mir fest vorgenommen, eine Familie mit meiner Freundin zu gründen, die in meiner Knast-zeit einen Sohn von mir geboren hat. Beruflich möchte ich noch die Ausbildung

als Altenpflegehelfer angehen und hoffe damit die Grundlage zu haben, um nie wieder ins Gefängnis zu müssen.

Denn wenn ich rückfällig werden sollte, komme ich in den Erwachsenenstrafvollzug, wo ich die Zeit mit harten Burschen verbringen müsste, was mich als Mensch nicht besser machen würde.

Nachwort

Dies Buch habe ich geschrieben, weil ich denke, dass mein Schicksal bisher kein gewöhnlicher Lebenslauf war.

Zusätzlich sollte der Bericht eine Empfehlung werden, mit solchen Kindern wie mir mit mehr Herz und Verständnis umzugehen.

Das Buch habe ich teilweise unter Tränen geschrieben, denn die Erinnerungen waren doch zu schmerzhaft.

Ich hoffe, dass es mir beim Schreiben gelungen ist, den Lesern mein Leben nahezubringen.

In Liebe,
SakuYa

Zweiter Teil

Liedtexte von SakuYa

SakuYa-Polaroid
(EP) Alle Songtexte
Track.1
SakuYa-INTRO (16 Zeilen mit Hook)
PART.1

Wofür brauch ich eine Maske?
Leute sollen mich erkennen
ich sptt meine texte
mit`-´nem Flow, den es nur einmal gibt
Halt die Fresse, Pisser, rede nicht so laut
Du kriegst Fäuste in die Fresse,
weil der Hass sich in mir staut,
denn ich steh zu meiner Stadt,
Kiel ist tief in meinem Herzen.
@lich zeig keine Schwäche, gehe straight meinen weg, bis ich sterb.
In einer Liga, die weitaus überlegen ist, bin ich unantastbar, da bringt auch nichts dein Gegengift
Was für Bruder Nutt$_{ee,}$ ich bekom einen Würgereitz.
Du bist`ne Schande für das ganze Bizz, bist du nur leid.
Ich pass- immer auf, dass mein Haar richtig sitzt.
Ich hab gelernt, wie man verteidigt mitnem Faustschlag, du Bitch.

Ich bin SakuYa, ein Junge, der es nie leicht hatte.
Jeder Zweite hat gemeint, dass ich es nie soweit schaffe.
Doch guckt mich an, wo ich heute steh.
Ich hab wahre Freunde, die geblieben sind und zu mir stehen.
Mein erstes Album Polaroid wird zersprengen alles,
for free, nur aus Liebe zur meinen Fans.
HOOK:
Geh in Deckung, jetzt wird scharf geschossen.
Lang genug hab ich mich nicht getraut, Parts zu droppen.
Ich hab ein Date mit deiner Mam, um sie heut Abend zu poppen.
Guck mich an, ich halt mich fit mit Sex und Haferflocken.

Track.2
SakuYa Das bin ich
PART.1

Das bin ich. Ich hab die Weitsicht eines Adlers
und die Gene meines Vaters.
Doch bin broke, weil niemand da war.
Das bin ich, ein Junge oben aus dem Norden.
Mama, mach dir keine Sorgen,
aus deinem Jungen ist was geworden.
Das bin ich, auf dem Weg nach ganz oben.
Mein Körper ist stabil, ich geb ein Fick auf Psychologen.
Das bin ich, Nikotin bestimmt meinen Alltag.
Ich geb jedem Mensch die Hand, auch wenn er bislang noch mein Feind war.
Das bin ich, hab keine Kohle zu verballern.
Gehe 40 Stunden schaffen, muss für´n Tausi sauviel ackern:
Das bin ich, ein Mann, der so ein großes Herz hat.
Doch so oft wurd es zerrissen

von`ner Schlampe, die keinen Wert hat.
Das bin ich, gestern war ich noch ein Niemand.
Heute bin ich 23, jeder spricht mich nun mit Sie an.
Das bin ich, auf der Suche nach mir selbst.
Hab ein Grinsen in der Fresse, was den Menschen nicht gefällt.

HOOK:
Das bin ich, mit großen Plänen für meine Zukunft.
Ich trinke, sauf viel Kaffee, doch ist Scheiße für mein' Blutdruck.
Das bin ich, hab kein` Vertrag in meiner Tasche,
doch mit Herz bin ich dabei, oder seht ihr, dass ich lache?
Das bin ich, mit großen Plänen für meine Zukunft.
Ich trinke sau viel Kaffee, doch ist Scheiße für mein`Blutdruck.
Das bin ich, wieder auf dem Weg zum Glück.
Gib ein Fick auf meine Ex, diese Bitsch hat sich verpisst.

Part 2

Das bin ich, ich bin endlich wieder frei.
Ich kann endlich wieder schlafen ohne Schmerz und ohne Leid.
Das bin ich, ohne träume, die mich wach hielten.
Hundert Texte, die ich schrieb, um die Nacht rumzukriegen.
Das bin ich, mit soviel Herz und Verstand.
Ich helfe jedem Menschen auf dieser Welt, so weit ich nur kann.
Das bin ich, ich geb mein`letzten Fuffi ab,
weil ich weiß, wie es ist, wenn man nichts zu essen hat.
Das bin ich, ich verschenke mein Geld, weil ich seh, wie`s ihm geht.
Er hat nicht mal ein Zelt.
Das bin ich, hab keine Angst zu riskieren, weil ich weiß, wie es ist, wenn man alles verliert.
Das bin ich, sozial eingestellt. Für mich zählt nicht das Geld, nur das Glück auf der Welt.
Das bin ich, zieh meinen Pulli aus und schenk ihn dem,
damit er Wärme hat und er es sieht,
ich denk an ihn.

Das bin ich, ich helfe dir, wo ich nur kann.
Guck, ich reich dir die Hand,
du hast Herz und Verstand.
Das bin ich, mir komm` die Tränen, wenn ich dich lachen seh,
denn es macht mich traurig, wenn ich dich am Boden frieren seh.

HOOK:
Das bin ich, mit großen Plänen für meine Zukunft.
Ich trinke sau-viel Kaffee, doch ist Scheiße für mein`Blutdruck.
Das bin ich, hab kein Vertrag in meiner Tasche,
doch mit Herz bin ich dabei, oder seht ihr, dass ich lache?
Das bin ich, mit großen Plänen für meine Zukunft.
Ich trinke sau-viel Kaffee, doch ist Scheiße für mein` Blutdruck.
Das bin ich, wieder auf dem Weg zum Glück.
Gib ein Fick auf meine Ex, diese Bitch hat sich verpisst.

Track.3
SakuYa Nah bei mir
Part.1

Das mit uns nennt man Monogamie.
Ich bin mir sicher, dass es klappt, wenn wir`ne Wohnung beziehen.
Würd mit sofortiger Wirkung meine Kündigung schreiben.
Denn die Strecke, die uns trennt, ist auf Dauer zu weit.
Ich hoffe, du siehst es ein, da die Liebe sonst nichts bringt.
Wieso die Skepsis deiner-seits? Ich vertrau dem sogar blind.
Ich will dich nah bei mir, für immer und ewig, denn einflößender, mal im Monat dich zu sehen, ist mir zu wenig.
Ich weiß nicht, ob du grad das-selbe denkst, wie ich es tue,
oder ob du grade überlegst: Fuck, was soll ich tun?
Ich kann dir eines sagen, gib dir mal ein` Ruck,
lass dich treiben von deinem Herzen, dann verschwindet auch der Druck.
Denn wie du selber sagst, fällt Vertrauen echt schwer.

Du bist da, ich bin hier, kann dich hören und nicht mehr.
Doch ich will viel mehr als nur sehen, wie du lachst durch die Cam, will dich spüren, dich verwöhnen jede Nacht.

Hook:
Ich will dich nah bei mir,
die Entfernung raubt mir Kraft.
Denn wenn ich dich nicht seh,
bringt es mich um meinen Schlaf.
Ich bin bereit, diesen Schritt nun zu gehen.
Sei dir sicher, dass ich bleib und nie wieder von dir geh.

Part.2

Bin mittlerweile 23 und bereit für etwas Festes.
Das erste Mal im Leben, dass ich Nähe so schätze.
Ich hab Ziele, wie du weißt, die ohne dich nicht zu erreichen sind.
Du bist der Grund, weshalb ich meistens Lieder schreib, die traurig sind.
Was ich liebe? Deine ganze Art, wie du dich gibst.
Jedes Molekül beweist, dass du mit mir nicht spielst,
dass die Gefühle wirklich echt sind, zeigt dein Inneres.
Die Entfernung quält mich, für mich gibt es grad nichts Schlimmeres.
Nur der Gedanke gibt mir Kraft, uns zwei nicht aufzugeben.
Dass wir beide glücklich sind und endlich fest zusammenleben, ist mein größter Wunsch.
Für mich gibt es nichts Schöneres.
Du bist der Grund, weshalb ich lache und zufrieden bin. Doch das liegt mir wirklich sehr am Herzen,

ich will dich 24/7 um mich rum und dich verehren.
Ich will dir zeigen, dass ich da bin, wenn du traurig bist.
Denn wenn ich dich so reden höre, wird mir klar, wie toll du bist.

Hook:
Ich will dich nah bei mir.
Die Entfernung raubt mir Kraft.
Denn wenn ich dich nicht seh,
bringt es mich um meinen Schlaf.
Ich bin bereit, diesen Schritt nun zu gehen.
Sei dir sicher, dass ich bleib und nie wieder von dir geh.

Track.4
SakuYa - So vermisst
Part.-1

Nur wegen dir, Mama, schreib ich all die Texte auß`em Herz`.
Du bist der Grund, weshalb ich lache und es nie verlern.
Du hast mir beigebracht, wie ich all die Probleme löse.
Und wenn ich mal Scheiße baue, warst du mir noch niemals böse.
Hast zwar gemeckert und die Stimme angehoben,
doch mir dann auch stets gezeigt, du hast mich lieb, ich bin dein Sohn,
und nahmst mich anschließend in deinen Arm und gabst mir tausend Küsse.
Die Nähe zu dir gibt mir Kraft, die ich seit Jahren so vermisse.
Du bist mir heilig und bedeutest mir so viel.
Ich würde alles für dich tun, weil ich weiß, wie du dich fühlst.
Wenn ich Tränen an deiner Wange runterlaufen seh,

muss ich selber weinen, denn es tut weh, dich so leiden zu sehen.
Ein neues Jahr, und schon wieder warst du ganz allein.
Doch nun bin ich wieder da für dich, ich werde immer bei dir sein.
Ich liebe dich so sehr, mehr als alles andere.
Die Zeit ist gekommen, wo ich mich für alles bedanken will.

HOOK:
Ich liebe dich, du bist der tollste Mensch auf dieser Welt,
weil du immer ehrlich bist und dich für niemanden verstellst.
Ich liebe dich, Mama, dieser Song ist nur für dich.
Ja, ich bin ehrlich, ich hab dich so vermisst.

PART.2

Ein neuer Alltag, der mein Leben bestimmt.
Auf der Suche nach dem Glück renn- ich gegen den Wind.
Ist gar nicht leicht, plötzlich all die Menschen wieder um mich -rum zu sehen.
Mama in den Arm zu nehmen, was zwei Jahre lang nicht ging.
Ist doch klar, dass da die Tränen bei mir laufen.
Hab Probleme hinterlassen, ein riesengroßer Scherbenhaufen.
Doch Mama hat es mit Bravour überstanden, die ganze Zeit, wo ich nicht da war, war sie in meinen Gedanken,
und ich hab ständig nur daran gedacht, was du machst und wie`s dir geht,
und ich muss ehrlich sein, du hast mir so gefehlt.
Du bist echt Top, eine Frau, die zu ihrem Wort steht,
eine Frau mit so viel Charme, dass, wenn sie lacht, die Sonne aufgeht.
Vielleicht war ich in letzter Zeit nicht geradezu perfekt,

doch du weißt, was in mir steckt.
Vor dir hab ich Respekt.
Ich zieh mein` Hut, du bist`ne Kriegerin tief im Herz`.
Die Zeit mit dir ist wunderschön,
von dir kann ich noch vieles lernen.

HOOK:
Ich liebe dich, du bist der tollste Mensch auf dieser Welt,
weil du immer ehrlich bist und dich für niemanden verstellst.
Ich liebe dich, Mama, dieser Song ist nur für dich.
Ja, ich bin ehrlich, ich hab dich so vermisst.

@ Track.5
SakuYa - Ich brauch Zeit
Part.1

Vielleicht hast du dich distanziert,
um mich mit Schmerzen zu belasten,
es tat weh als ich im Knast war,
ohne Grund bist du gegangen.
doch wie es mir in all den Wochen ging,
hat dich anscheinend nicht interessiert.
Du hast gesagt, du wartest dass die Liebe
nie ihren wert verliert.
Doch nichts ist passiert, du hast mich
plötzlich einfach ignoriert.
Ohne Grund. Einfach so mich ersetzt und
abserviert.
Natürlich hab auch ich Gefühle, die ich nur
nicht zeig.
Denn du solltest mich kennen und mich
verstehen, was ich mein.
Du hast gesagt, dass du bleibst, dass du
immer zu mir halten wirst.
Du warst die Frau, der ich vertraute.
Deshalb fällt es mir so schwer,
es einfach so hinzunehmen, dich plötzlich
nicht mehr anzusehen.

Denn wenn ich ehrlich bin, flossen literweise Tränen
In der Zeit wo ich alleine war und ziemlich brouken am Boden lag.
Du hattest draußen deinen Spaß und ich saß in der JVA.
Sei mal ehrlich. Hast du je an unsern Sohn gedacht?
Dass er aufwächst ohne Vater, hat er nicht verdient.

HOOK:
Ich brauch Zeit um über all die dinge nachzudenken.
In der letzten Zeit hab ich so oft versucht vertrauen zu schenken.
Doch jedes mal ist es daran gescheitert, mit dem Gedanken, dass mich wieder mal ein Mensch verletzt hat.

Part.2

Ich schau ein letztes mal zurück, mit dem Gefühl nicht mehr enttäuscht zu sein.
Denn Mama geht's wieder gut. Ich seh sie nicht mehr weinen.
Ich hab die Tränen von ihrer Wange gewischt.
Ich geh meinen Weg, auch wenn alle dagegen sind.
Sie begleitet mich.Ich brauch einen Fallschirm, denn wenn ich mal Fall,
wird es schwer wieder aufzustehen,
mit Kraft und Gewalt.
Ich bin enttäuscht von meiner ex, sie hat ein` Andern geknallt,
während ich in meiner Zelle saß,
sag was soll dieser scheiß.
Sei mal ehrlich, hab ich das verdient, ich hab dir so vertraut.
und du hast mich enttäuscht mädchen c`est la vie.
Du bist so herzlos wie keine auf der Welt, denn was dich interessiert ist mein fame und das Geld.
Und das Auto das ich fahr.
In mir blutet es so stark.

Denkst du nicht dass es mir wehtut, bitch.
Du hast mich so verarscht.
Sag jetzt nicht, dass es dir leidtut, es tut
dir nicht leid.
Du weißt das ging zu weit, ich kann dir
niemals verzeihen

HOOK:
ich brauch Zeit, um über all die dinge
nachzudenken.
In der letzten Zeit hab ich so oft versucht
vertrauen zu schenken,
doch jedes mal ist es daran gescheitert,
bei dem Gedanken, dass mich wieder mal
ein Mensch verletzt hat.

Track.6
SakuYa-Polaroid
Part.1

Es ist schwarz-weiß und irgendwie schon ziemlich älter.
Ich hab`s gefunden letzte Nacht im Keller meinen Eltern.
Es war vom Staub bedeckt, porös und es lag in`ner Ecke.
Es scheint schon wirklich so, als Mama es vor mir versteckte.
Ich hab sie angesprochen und gefragt, wer das sei.
Sie suchte ausreden und wollte nicht ehrlich sein,
sie hat gesagt dass es nicht wichtig wäre, doch für mich schon.
Ich fand`s halt merkwürdig, weshalb lag da das Foto rum,
wo es normalerweise auch keiner gefunden hätte.
Doch dann sagt sie mir, dass ich noch einen Halbbruder hätte.
Ich sank zu Boden, hab gezittert und geweint wie noch nie,
und hab sie dann gefragt, warum hast du

ihn mir verschwiegen?
Sie meinte nur es wäre nicht wichtig von ihm zu erfahren.
Ich wollte wissen wie er ist, bin dann zu ihm gefahren.
Ich hab geklingelt an der Tür von seinem Elternhaus.
Ich hab gewartet und gewartet und die Tür ging auf.
Es kam mir komisch vor als sie mich fragte, wer ich sei.
Ich hab gesagt, dass ihr Sohn mein großer Bruder sei.
Als ich die Tränen sah, wusste ich nicht was mit ihr sei,
bis sie mir sagte, sein Leben wäre längst vorbei.

HOOK:
Ich will die Zeit zurück, meinen großen Bruder in meinem Arm.
Er wurde mir verschwiegen 23 Jahre lang.
Ich will bloß wissen wie er ist, und ob er weiß von mir.
Doch alles was mir bleibt, ist nur das Polaroid von ihm.

Part.2

Ich lebe in den Tag hinein, frag Mama wie es weither geht.
Und frag sie währenddessen, ob sie weiß wo sein Grabstein steht.
Sie sagt mir, ja, nimmt mich in Arm und sagt, es tut mir leid.
Und ich kann ihr verzeihen, ja, obwohl es fällt mir nicht -grad leicht.
Doch was mich quält ist nur die Skepsis, warum grade ich,
Ich hab doch niemand was getan, Mann, ich ertrag das nicht.
Ich hätte ihn gerne kennengelernt und viel erzählt von mir,
doch irgendwie sollt es nicht sein.
Schön und gut, ich hab`s kapiert.
Wie war er drauf, nahm er Drogen und war ziemlich krass,
oder war er ehrlich und hat all die Dinge nicht gemacht.
Wäre er noch hier, könnt ich ihn selber fragen, all den Scheiß.
Und ich könnte ihm zeigen, wie wichtig mir die Familie sei.
Jetzt nehm ich abschied. Ich hab dich

nicht einmal gesehen.
Es tut mir leid, wenn ich könnte würd ich am Zeiger drehen.
Du wurdest mir verschwiegen 23 Jahre lang,
doch heute geh ich jeden Tag an deinem Grab entlang.

HOOK:
Ich will die Zeit zurück.
Mein` großen Bruder in mein` Arm.
Er wurde mir verschwiegen 23 Jahre lang,
ich will bloß wissen, wie er war, und ob er weiß von mir.
Doch alles was mir bleibt, ist nur das Polaroid von dir.

Track.7
SakuYa - Du hast mir gezeigt

Part.1
Die Liebe zu dir, mehr als nur Gefühle aus dem Herzen,
wir beide sind verbunden und wir teilen all die Schmerzen,
wenn du weinst und traurig bist,
und du im Bett alleine sitzt,
dann setze ich mich zu dir,
nimm dich in Arm und dann küss ich dich
einfach nur, um dir zu zeigen, ich steh voll und ganz zu dir.
Und wenn dir jemand wehtut, steh ich vor, und niemals hinter dir.
Ich fang dann all die Schläge ab, und Sprüche die dich treffen,
einfach nur um dir zu zeigen, deine ganze Art zu schätzen.
Wir gehören zusammen for ever and always.
Du und ich bis der letzte Atemzug fällt.
Wir sind stark, bleiben standhaft.
Die liebe von dir gibt mir Kraft,
die ich noch nie erlebt hab.
Ich bin so glücklich wie noch nie.
Du hast mir gezeigt, dass es wahre Liebe

gibt.
Die Hoffnung war schon längst verloren,
doch du hast es mir beigebracht,
wie man vertraut, wie man respektiert und zusammen lacht.

HOOK:
Du hast mir gezeigt wie man vertraut,
es fiel mir jahrelang so schwer,
hab`ne Blockade gebaut,
ich hab jeden geblockt, der versucht hat mich zu überzeugen.
Ich wollte keine Nähe, nur die Liebe von meinen engsten Freunden.

Part.2

Ich bin ehrlich, ich bin dir für alles dankbar deshalb kommt auch die Eifersucht,
ich weiß das ist krankhaft.
Ich geh mit dir nur zu zweit aus dieser Welt,
deine Küsse sind genial, ich fang dich auf wenn du mal fällst,
die Gedanken an Vergangenes sind einfach aus meinem Kopf gelöscht,
denn seit du bei mir bist, ist alles anders, wie` ne neue Welt.
Ich denke dass es wirklich passt.
Ich bleib an deiner Seite,
denn wenn der Streit mal eskaliert,
lässt du mich einfach ganz alleine,
damit ich runter fahr und mich nicht aggressiv verhalte.
Mein impulsives Handeln akzeptierst du weil ich selber leide,
denn jeder Mensch auf dieser Welt hat Schwächen das ist leider wahr.
Ich weiß auch ich bin nicht perfekt,
nur Rapper, und kein super Arzt.
Ich weiß das kommt nicht an bei deinen Eltern, dieses Image,
doch ich verstell mich nicht, ich bleib loyal

damit du nicht verschwindest.
Denn zugegeben, Grund für meinen Untergang wär nur das Scheitern der Beziehung.
Weil ich dich so liebe Mann.

HOOK:
Du hast mir gezeigt wie man vertraut,
es fiel mir jahrelang so schwer,
hab` ne Blockade gebaut,
ich hab jeden geblockt, der versucht hat mich zu überzeugen.
Ich wollte keine Nähe, nur die Liebe von meinen engsten Freunden.

Track.8

SakuYa - Seitdem ich nicht mehr an dich denke.

Part.1

Ich lass los, es hat alles keinen Sinn mehr.
Bin im Zwiespalt, das wie immer, jeden Tag wird es nur schlimmer.
Gestern war noch alles dope mit uns und heute ignoriere ich dich
denk nicht ich vermisse dich.
Geschichte bist du nun für mich.
Nie hat es dich interessiert,
wie ich mich eigentlich fühle.
Denkst du echt ich bin so dumm,
dass ich so etwas nicht spüre.
Doch du tratst auf mein` Gefühlen -rum,
als wäre ich ein Niemand.
Deine Bilder sind echt Top,
doch nur als Ziel auf einem Schießstand,
ist doch klar dass ich so denke.
Viel zu oft hast du gelogen,
ich fühle mich ausgenutzt, verarscht und echt betrogen.
Hast gemeint dass du mich liebst,

und dieses Rapp Ding sei dir scheißegal.
Mit dir nie mehr ein zweites Mal,
du weißt ich hab die freie Wahl,
klingt zwar scheiße doch du weißt,
dass es so ist.
Die Einsamkeit hat dich im Griff,
selber Schuld wenn du so ist,
ich fühl mich gut seitdem ich nicht mehr an dich denke.
Mein Kopf ist wieder frei,
schau jetzt hin wie ich ihn senke.

Hook:
ich bin frei von all den Sorgen die ich hatte
denk nicht dass ich dich noch brauche,
guck wie ich`s alleine schaffe,
ohne Angst irgendetwas wieder falsch zu machen.
Ich brauche keine die mir sagt, ich soll es lieber lassen.

Part.2

Ich kann endlich wieder schlafen,
mein Kopf ist wieder frei,
ich lass mir nichts mehr von dir sagen,
viel zu lang hast du mit mir gespielt,
du wusstest es von Anfang an,
ich hab ein großes Lebensziel,
doch das war dir scheißegal.
Ich hab gekämpft für meinen Traum,
doch plötzlich stand ich vor der Wahl,
du wolltest mich für dich allein,
und ich solle mich doch entscheiden,
zwischen dir und der Musik.
Ich gebe es zu, mir fiel es leicht,
hast du echt gedacht, ich schmeiße all die Jahre weg mit meinem Rap.
Sicher nicht der Weg war hart bis hierhin,
geh nicht mehr weg,
du bist gar nichts wert,
nicht mal ein paar Tränen,
wirst du sehen die ich vergieße wenn wir uns noch einmal sehen,
wenn wir uns noch mal begegnen
wert ich nicht mal mit dir reden,
wert dich einfach ignorieren,
einfach schweigen und mich drehen.

Ich fühle mich gut, seitdem ich nicht mehr an dich denke.
Mein Kopf ist wieder frei,
schau jetzt hin wie ich ihn senke.

Hook:,
Ich bin frei von all den Sorgen die ich hatte,
denk nicht dass ich dich noch brauche,
guck wie ich,`s alleine schaffe,
ohne Angst irgendetwas wieder falsch zu machen,
ich brauche keine die mir sagt ich soll es lieber lassen.

Die Texte aus meiner ersten EP, die im Winter 2016 veröffentlicht werden, sind hier ebenfalls enthalten.

Die Texte dürfen nicht von Dritten verwendet werden. Wenn dies doch geschieht, werden rechtliche Schritte eingeleitet.

Deckblatt Rückseite

Ein Schicksal, dass man keinem Kind wünscht.
Von einem Häftling in der Jugendhaftanstalt geschrieben, der sich für die Zeit nach seiner Entlassung viel vorgenommen hat.
In einer Offenheit berichtet, die keinen Leser unberührt lässt.
Wir wünschen ihm viel Glück auf seinem weiteren Lebensweg.

Haylo Karres